JN495893

마라나, 포르노 만화의 여주인공

문학과지성 시인선 R 13
마라나, 포르노 만화의 여주인공

펴 낸 날 2017년 10월 20일

지 은 이 박상순
펴 낸 이 이광호
펴 낸 곳 ㈜문학과지성사

등록번호 제1993-000098호
주　　소 04034 서울 마포구 잔다리로7길 18(서교동 377-20)
전　　화 02)338-7224
팩　　스 02)323-4180(편집) 02)338-7221(영업)
전자우편 moonji@moonji.com
홈페이지 www.moonji.com

© 박상순, 1996, 2017. Printed in Seoul, Korea

ISBN 978-89-320-3045-6 03810

이 책의 판권은 지은이와 ㈜문학과지성사에 있습니다.
양측의 서면 동의 없는 무단 전재 및 복제를 금합니다.

이 도서의 국립중앙도서관 출판예정도서목록(CIP)은 서지정보유통지원시스템 홈페이지(http://seoji.nl.go.kr)와 국가자료공동목록시스템(http://www.nl.go.kr/kolisnet)에서 이용하실 수 있습니다. (CIP제어번호: CIP2017025576)

문학과지성 시인선 R 13

마라나, 포르노 만화의 여주인공

박상순

마라나, 포르노 만화의 여주인공

차례

1부

일러두기

1. 이 책은 『마라나, 포르노 만화의 여주인공』(세계사, 1996)의 복간본이다.
2. 1부는 초판의 형태를 유지하면서 새로 추린 것이고 2부는 미출간 작품이다.
3. 1997년에 쓴 시인의 산문을 몇 군데 고쳐 새로 추가했다.

1부

붉은 체크무늬의 외투를 뒤집어 쓴 태양

누군가 내 짐들을 자꾸
공원 잔디밭에 옮겨놓아요

내가 잠든 사이에
나마저 그곳에다 옮겨놓아요

양 세 마리

풀밭에는 분홍 나무
풀밭에는 양 세 마리
두 마리는 마주 보고
한 마리는 옆을 보고

오른쪽 가슴으로
굵은 선이 지나는
그림 찍힌
티셔츠

한 장 샀어요
한 마리는 옆을 보고
두 마리는 마주보고

풀밭에는 양 세 마리
한 마리는 옆을 보고
두 마리는 마주 보고
오른쪽 가슴으로

굵은 선이 지나는
그림 찍힌 티셔츠

한 장 샀어요

한 마리는 옆을 보고
두 마리는 마주 보고

돌이 울고 있었다

돌이 울고 있었다.
울고 있는 돌을 먹었다

돌을 먹은 나는
펭귄이 되었다

배가 너무 무거워
바닥에 쓰러졌다

돌이 울고 있었다.

내가 본 마지막 겨울

두 눈에 조개껍데기를 박은 사람이 안개 속에서
오래된 철교를 부수는 소리

두 눈에 조개껍데기를 박은 사람이 안개 속에서
허리에 돋아난 제 발들을 떼어내는 소리

두 눈에 조개껍데기를 박은 사람이 안개 속에서
내 눈동자를 빼 가는 소리

바늘 잎의 별

내가 창고 안에 들어서는 순간 별들이 쏟아져 내렸습니다. 별들은 하나같이 바늘이 돋혀 있었고, 나는 그 별들에 찔리는 바늘받이가 되고 말았습니다. 별의 날카로운 바늘에 찔려, 나는 쓰러지고 말았습니다. 내 창고 안에는 고작, 오래전에 버려둔 낡은 의자뿐이었는데 이 많은 별들이 어디서 생겨났는지 알 수가 없습니다.

이제 나는 마지막으로 당신을 생각합니다. 당신이 창고의 문을 열고 내게 다가와 내 몸에 박힌 별들을 뽑아주기를. 하지만 당신이 내 최후의 소리를 들을 수 있을지……

나는 오래전에 당신을 잃어버렸습니다. 당신도 나를 잃어버렸습니다. 이 창고 앞에서 우리는 두 사람의 인간으로 갈라서기 시작했습니다. 아니, 어쩌면, 우리가 헤어진 바로 그 시각에 당신은 이 창고 안에 들어와 나를 기다리고 있었는지도 모릅니다.

저 천정 위에 앉아서 당신은 별이 되었고, 당신의 몸에

이 날카로운 바늘 잎들이 돋아나고 있었는지도 모릅니다. 그리하여 내가 이 안에 들어서던 그 순간, 당신은 복제되고 또 복제되어, 날카로운 바늘의 별로 내 몸에 이렇게 쏟아져 내렸을지도 모릅니다.

사실일까요 그것이. 나를 기다리고 기다리다가 마침내, 내 가슴으로 달려든 바늘 잎의 별들이 당신일까요.

너 혼자

1. 너 혼자 올 수 있겠니
2. 너 혼자 올라올 수 있겠니
3. 너 혼자 여기까지 올 수 있겠니

안개가 자욱한데. 내 모습을 볼 수 있겠니. 하지만 다행이구나 오랜 가뭄 끝에 강물이 말라 건너기는 쉽겠구나. 발밑을 조심하렴. 밤새 쌓인 적막이 네 옷자락을 잡을지도 모르니 조심해서 건너렴.

나는 삼십 센티미터의 눈금을 들고, 또 나는 사십 센티미터의 눈금을 들고, 또 나는 줄자를 들고 홀로 오는 너를 기다리고 있단다.

1. 너 혼자 말해볼 수 있겠니
2. 너 혼자 만져볼 수 있겠니
3. 너 혼자 돌아갈 수 있겠니

바스락 바스락, 안개 속에 네 옷깃이 스치는 소리가 들리는구나. 네가 네 청춘을 밟고 오는 소리가 들리는구나. 하지만 기운을 내렴.

한때 네가 두들기던 실로폰 소리를 기억하렴. 나는, 나는, 나는, 삼십과 사십 센티미터의 눈금을 들고, 줄자를 들고, 홀로 오는 너를 기다리고 있단다. 딩동동 딩동동, 네 주머니 속에서 울리는 내 소리를 기억하렴. 하지만.

1. 너 혼자 내려갈 수 있겠니
2. 너 혼자 눈물 닦을 수 있겠니
3. 너 혼자 이 자욱한 안개 나무의 둘레를 재어볼 수 있겠니

앵두나무, 앵두나무

염소 우리 옆에 집을 지었다. 마루를 놓고 방을 꾸몄다
지푸라기 베개를 깔고 앵두나무를 눕혔다
옛이야기 속의 뒤 뜰, 푸른 오월이 가볍게 찰랑거리던
수반(水盤)의 물이 마르고
앵두나무는 누웠다. 나는 망설이다 얇은 이불을 열고
이제 물기가 말라 끝까지 작아진 앵두나무에
저고리를 입혔다
행여 놓칠세라 튼튼한 끈으로 나무를 받쳐들고
염소 우리를 지나 한 바퀴, 또 한 바퀴 돌아
집을 나섰다
팔월의 뜨거운 하늘, 긴 가뭄 위에 올라 앉아
앵두나무가 누웠던 요와 이불
지푸라기 베개에 불을 지르고
나는 포클레인 기사가 땅 파는 소리
윙윙거리는 엔진 소리가 끝나자마자
커다란 구덩이 속에 앵두나무를 던졌다
앵두나무를 버렸다
옛이야기 속의 넓은 마당, 장닭이 내 어깨를

냅다 쏘고 달아나던 날
수반의 뒤뜰에서 뿌리째 걸어나와
쓰러진 나를 업어 잠재우던 앵두나무
나는 그 앵두나무를 뿌리째 뽑아
포클레인을 부르고, 내 키보다 깊은 구덩이를 파고
그 칙칙한 구덩이 속에
앵두나무를 던졌다
나는 두 손에 얼굴을 묻고 어깨를 들썩였지만
염소 우리 옆을 한 바퀴, 다시 한 바퀴 돌다
자동차의 엔진을 켰다

불멸

새벽 다섯 시
다섯 식구가 둘러앉아
밥 먹는 놀이를 한다

아빠 A가 한 개 먹고
내 폭탄 아직 안 터졌어
아빠 B가 한 개 더 먹고
내 밥도 아직 안 터졌어
아빠 C가 또 먹으며
내 밥도 폭탄이야
아빠 D도 아빠 E도
내 폭탄도, 내 폭탄도

새벽 다섯 시
다섯 식구가 둘러앉아
폭탄 먹는 놀이를 한다
아빠 A가 먹는 것이
하나 터져
배가 펑 늘어나고

아빠 B도 하나 터져
등뼈가 펑 솟아나고
아빠 C도, 아빠 D도
하나씩 펑, 하나씩 펑

아빠 E는
그중 하나도 터지지 않아
한 개 더 줘, 한 개 더 줘

우리 것은 터졌으니
그만 자자, 그만 자자
A, B, C, D 모두 누워
아빠 잘 자, 아빠 잘 자
아빠 E는 밤새도록
내 폭탄은 왜 안 터져
아빠!
아빠!
아빠!

고독의 이미지

금요일엔 갈 거예요. 시를 썼어요. 제목이 사막의 초록색 눈물이에요. 다 쓰게 되면 그렇게 할 거예요. 매일 열 시간씩 공부를 해요. 일곱 살 때에도 그랬어요. 부모님은 몹시 걱정했어요.

금요일엔 갈 거예요. 삼 개월 되었어요. 서울에 온 지. 미국에도 갔었어요. 프랑스어를 가르쳤어요. 대학에서요. 노래방에 가볼래요? 당신이 그리워질 때라는 드라마 주제곡을 잘 부를 수 있어요. 금요일엔 갈 거예요.

인연이에요. 사막에 가보았어요. 아주 넓은, 아니 광막한, 미국에서요. 나도 몇 번쯤은 밤새워 울었어요. 당신도 그렇지요. 인연이에요.

금요일엔 갈 거예요. 당신이 본 것처럼 그래요. 영화처럼 그래요 사막에서는. 태양의 빨간색이 초록색, 초록색 그리움을 낳아요 사막에서는. 나는 쪼끔, 아주 쪼끔 눈물 흘리다 금요일엔 갈 거예요. 금요일에는.

목욕탕에 갈 거예요. 금요일에는.

불 꺼진 창

머리에 바퀴를 달고
나는
언덕 아래로 끝없이

굴러가고 있었다

불 켜진 창

두 귀에 불을 놓고
소리 지르며
나는

혼자 있었다

바다를 입에 물고 너를 만난다

나의 바다는 모래
서걱이는 돌가루

나의 바다는 모래
밤마다 돌아가는 발전기

나의 바다는 모래
내 혀를 갈아내는 기계

형광등 공장의 고추잠자리

—그날, 나의 눈은 고등어.

들판으로 나간다. 봄 또는 가을,
비린내가 넘쳐나는 저녁.

바람 부는 길을 따라 비린내를 피해
들판을 건너간다

비린내가 멀어질 때 붕붕대는 소리,
들판을 막아서는 높다란 지붕

비린내 속에서 공장을 본다.
줄줄이 들판을 향해
공장에서 빠져나오는 사람들.
형광등을 이마에 단 사람들

나는 사람들의 꼬리를 따라간다
앞에 선 사람이 왼쪽으로,

그 뒤에 선 사람은 오른쪽으로

다음 사람은 왼쪽으로
그다음 사람은 오른쪽으로 사라진다.

나는 꼬리만 따라간다
마지막 한 점 남은 꼬리가 멈칫멈칫하다가
다시 공장으로 향한다
건너왔던 다리를 다시 건넌다.

문 닫힌 공장 앞에 멈춘다.
공장의 벽에 기대어 꼬리가 운다

나는 가까이 다가간다. 울음 속에 섞인
그의 웅얼거림을 들어보려고
귀를 더 크게 열어본다

아무것도 들리지 않는다.

울고 있는 꼬리의
굽은 어깨.

어둠이 울고 있는 꼬리를 툭 치고 간다
나는 울고 있는 꼬리를 버리고
다시 들판으로 나간다.

한 점 남은 꼬리도
마침내 사라진다

—그날, 내 들판은 잠자리. 꼬리가 잘린, 어둠에 묻힌 피의 그림자.

마라나, 포르노 만화의 여주인공 1

언제부터인지 오후 2시에서 3시 사이에 한 사람씩 사라지기 시작했다. 그리고 또 언제부턴가 비가 수평으로 내리기 시작했다. 구름이 수직으로 흐르고 지붕은 쓸모없게 되었다.

언제부턴가 오후 2시에서 3시 사이에 마라나는 누웠다. 시간에 눕고 먹구름 속에 눕고 봄빛과 가을빛에 누웠다. 나는 그녀를 통해 사라지는 세계를 본다. 사라져가는 세계의 폭풍에 취해 그녀가, 흰 천 위에 나뒹굴 때

나는 피를 뽑는다. 그녀의 옷가지를 허리에 둘둘 감고 오후 2시에서 3시를 넘기며 이 세계의 끝에 쓰러진 그녀의 피를 뽑는다. 어느 날 강변에서 그녀가 내 허리에 투명한 액체를 바르던 그때처럼.

나; 오고
마라나; 가고

나; 가고
마라나; 오고

문 여는 소리
문 닫는 소리

마지막 전람회가
끝나는 소리

마라나; 가고
나; 오고

마라나, 포르노 만화의 여주인공 2

나는 길을 뽑는다. 내가 가야 할 길, 마라나가 가야 할 길. 하지만 마라나가 먼저 뽑는다 울지도 않고 웃지도 않고 마라나가 뽑는다. 내 허리에서 쏟아지는 붉은 길, 푸른 길, 갈색의 길, 노란 길.

나는 먼저 가지 않는다. 내 사랑이 가야 할 길. 씩씩한 마라나가 먼저 간다. 물통을 들고 간다. 물통을 쓰고 간다. 내 사랑이 먼저 간다.

아주 어려서 강변에 갔다
마라나; 울지 않았다

아주 어려서 강변에 갔다
마라나; 물통을 들고
나; 물통을 쓰고
아주 어려서 강변에 갔다
마라나; 웃지 않았다

아주 어려서 강변에 갔다

마라나; 눕지 않았다

나; 눕지 않았다

마라나, 포르노 만화의 여주인공 3

누군가 사라진다. 일곱 살의 나, 여덟 살의 나, 아홉 살의 나. 누군가 사라진다. 한 사람의 빵집 아저씨, 두 사람의 빵집 아저씨, 세 사람의 아저씨. 누군가 사라진다. 한 사람의 기관사, 두 사람의 기관사.

누군가 세계에서 사라진다. 우산을 들고 촛불을 들고 내 머리를 들고 물통을 들고, 마라나의 구두를 들고 내 손톱을 들고, 시계를 들고, 마라나의 빛나는 입술을 들고

누군가 사라진다. 세계를 들고. 마라나를 남기고 나를 남기고 누군가 사라진다. 한 사람의 마라나, 두 사람의 마라나, 세 사람의 마라나. 네 사람의 마라나, 다섯 사람의 마라나.

마라나; 누가 알 수 있을까
마라나; 아마도 3만 명쯤 너를 알고 있겠지

커다란 물통에 손을 담가

채워지는 붉은 길

마라나; 누가 알 수 있을까
마라나; 아마도 2만 명쯤 너를 알고 있겠지

커다란 물통에 몸을 담가
채워지는 붉은 길

마라나; 누가 알 수 있을까
마라나; 아마도 1만 명쯤 너를 알고 있겠지

커다란 물통에 나를 담가
채워지는 봄빛 꽃 빛

마라나; 누가 알 수 있을까
이 꽃 봄이 다 지나고 나면
마라나; 누가 알 수 있을까

마라나, 포르노 만화의 여주인공 4

마라나; 없음

나; 없음

꽃길; 없음

나; 없음

그녀의 그것이 자꾸 늘어나

그녀의 그것이 자꾸 늘어나
그 속에 별이 지고
그 속에 비 내리고

딸기밭이 생기고
포도밭이 서고
옥수수가 자라고

별자리도 커지고
빗방울도 커지고

수박처럼 큰 딸기
집채만 한 포도알
옥수수도 커지고

나는 수박만 한 빗방울에
얼굴을 맞아
눈 못 뜨고, 눈 못 뜨고

밤의 버스

정류장마다 얼굴들
통로 끝에서 솟아나
굴러 오고
굴러가는

밤의 버스

내가 찍은 가장 아름다운 얼굴 하나가
어깨와 어깨들 사이로
통로를 굴러

덜커덕

어둠의 정류장에 내린다

가을 속으로

내—앞에—과꽃—피고—있었다
내—앞에—과꽃—지고—있었다

나는 망치를 꺼내
가을 꽃, 보라빛 꽃술 한가운데
뻣뻣한 내 다리를 때려 박고

가을 속으로
가을 속으로

내—앞에—과꽃—피고—있었다
내—앞에—과꽃—지고—있었다

거울에게 전하는 말

어제
소풍을 갔습니다.
기차와 백합이
있었습니다.

한쪽 기차가
외줄 철로 위에서
다른 한쪽에서 달려오는 기차를
들이받았습니다.

백합 정원에
유모차를 밀고 갔습니다
어린 백합들도 참 많았습니다
끝입니다.

다음엔 농구대를 보여드리겠습니다.

대리물의 정신물리학

거대한 방
그 방 속에는 수많은 작은 방들이 있고
문들이 있고

문을 열면 다시 방
그 방의 문을 열면
또다시 방

거대한 방
수많은 방으로 이루어진
이 거대한 방을

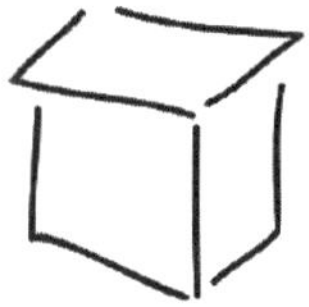

나는 쓱싹
한순간에 그린다

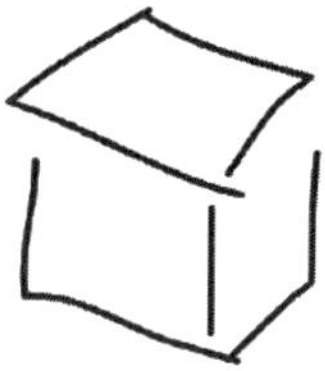

달과 나

멍이는 멍이
망이는 망이
그리고 또 다른 등장인물
나는, 나.

하늘까지 이어진 높은 계단
멍이와 망이와 나는
하얀 달이 노란 달 될 때까지
계단 위에 앉아서
라.라.라.

망이는 "집에 갈래!"
멍이는 "더 놀다 가!"
나는 그냥 "……"
망이는 깡총깡총 계단을 내려가고
멍이는 "가지 마, 가지 마!"
멍이는 망이를 따라가며
"가면 민다. 정말 가면 민다!"

나는 그냥 계단에 앉아
"……"

멍이는 마침내 망이를 밀고
하늘 아래 콩콩콩 쓰러지는 망이
앙앙 울어대는 망이의 눈물
멍이는 너무 놀라 달 속으로 사라지고
나는 그냥 계단에 앉아 "……"

목발을 짚고
손발 달린, 큰 이빨을 가진 하얀 달
일곱 마리와 나타난 망이
"얘가 그랬어"
"네가 그랬지!"
"아니야. 아니야!"
하지만 내 앞에 달려드는 하얀 달
내 얼굴에 펑
내 가슴에 펑.

펑펑펑, 펑펑펑.

멍이와 망이는 하늘까지 이어진 높은 계단
가운데서 라라라
손뼉 치며 라라라
목발 짚고 라.라.라.

나는 맨 밑에서 또는 맨 위에서
"노란 달은 붉은 귀"
"붉은 귀는 텅 빈 배"

빵 공장으로 통하는 철도로부터 21년 뒤

겨울. 기차는 나를 싣고 뚱뚱한 어둠 속에 놓여 있었습니다. 발이 시려워. 발이 시려워! 두 귀를 꼬옥 막고 나는, 몸속으로 울리는 내 목소리를 듣고 있었습니다.

기차가 놓여 있었습니다. 겨울. 그곳이 물속이라면 비단옷에 지느러미를 단 내 어머니가 흘러가고 있겠지요. 내 동무들도 퉁퉁 불어 흘러가고 있겠지요.

그리고 나도 퉁퉁 불은 소년, 한 소년이 될 수 있었겠지요. 흘러간 어머니를, 흘러간 내 동무들을 김 서린 차창을 통해서라도 알아볼 수 있겠지요. 만나볼 수 있겠지요. 그런데, 겨울. 내 몸속의 겨울.

그곳이 물속이라면 흘러가는 내 목소리도 들리겠지요. 하지만 오늘 나는 아버지를 만나서 고백해야 합니다. 강변의 어머니를, 강변의 동무들을 내가 몽땅 물속으로 밀어 넣었다고 고백해야 합니다.

내 기차에 깔린 아버지의 식은 얼굴을 향해 말해야만 합니다. 그런데 겨울. 겨울. 기차는 나를 싣고 멈춰 있을 겁니다. 나는 아직도 내 목소리를, 내 두 손을 찾지 못한 채 기관실에 이렇게 앉아 있기 때문입니다.

빵 공장으로 통하는 철도로부터 22년 뒤

알고 있지요? 어머니는 사진을 찍어요. 파리에서요. 나는 작년까지 에콜 드 보자르에 다녔어요. 일 년 반 동안. 그 뒤로는 쭈욱 이곳에서 살아요. 브뤼셀 남부역까지는 이십 분이 걸려요. 저 아래서 지하철을 타세요. 당신도 한때는 화가였군요. 유화를 그렸어요. 당신처럼요.

알고 있지요? 난 이게 더 즐거워요. 대리석도 그리고, 나무결도 그려요. 벽지로 쓸 거예요. 이걸 붙이면, 낡은 집도 대리석이 되지요. 한번 보세요.

알고 있지요? 내 이름은 오필리예요. 아, 슬퍼요. 셰익스피어가 그랬어요. 알고 있지요? 프랑스식이예요. 영국에는 오필리아가 있겠지요. 물속에서 떠오른 아름다운 여인의 주검. 나도 그 그림을 알아요. 오필리아의 죽음. 화가가 누구였지요?

그렇군요. 그래요. 아, 그건 내 공책이에요. 뒷장에 당신 이름을 써보세요. 무슨 뜻이죠?

그렇군요, 그래요. 삼십 분 전이에요. 어디까지 가세요? 아마 자정쯤엔 도착할 거예요. 이것으로 끝이네요. 두 시간은 되었지요. 이곳에서요. 그런데 누구지요? 아, 그렇지요. 그래요.

잘 가세요. 그 여자는 물속에서 다시 떠오를 거예요. 당신의 빵 공장엔 아직도 사람이 살고 있나요? 기차가 지나가고 있나요?

그 기차는 빵을 싣고 가나요? 저 아래서 지하철을 타세요. 내 어머니가 기다리실 거예요. 그렇지만 당신 어머니는, 당신을 만난다 할지라도 당신을 알아볼 수 없겠지요? 그렇군요. 그래요. 당신 그림엔 당신이 없겠군요. 그렇겠지요.

알고 있나요? 브뤼셀 남부역까지는 이십 분이 걸려요.

지난밤 한 남자가 말했다

지난밤, 한 남자가 말했습니다. —이제 눈물이 나올 것 같아.

지난밤, 술 취한 배들이 하늘을 날고, 술 취한 구름이 하늘을 덮고, 풀들의 뿌리는 어둠의 깊이를 미처 알지 못한 채 하늘을 향해 거꾸로 솟아올랐습니다.

지난밤, 한 남자가 말했습니다. —이제 하늘이 터질 것 같아. 큰 가방을 마련해, 큰 가방. 내 눈물을 거두고, 술 취한 배들, 술 취한 구름, 거꾸로 솟아오른 풀들의 뿌리를 거두어야 해.

지난밤, 한 남자의 머리 위에서 하늘이 터져버렸습니다. 술 취한 배들, 술 취한 구름, 거꾸로 선 풀들의 뿌리, 가방들도 모조리 터져버렸습니다.

지난밤, 한 남자가 있었습니다. 터진 하늘과 긴 강물이 그의 곁에 숨죽여 앉아 있었습니다.

지난밤, 한 남자가 가방집 지붕 위에 앉아 있었습니다. —꿈속의 내 가방은 작은 뿌리, 내 가방은 기나긴 강물, 그리고 내 가방은 거대한 눈물.

—만져 봐, 만져 봐.

지난밤, 한 남자가 세계의 끝에서 말했습니다. —만져 봐. 터진 하늘 아래 피는 봄, 터진 가방 아래 흐르는 강물, 꽃 봄처럼 터져 나온 내 심장이 너의 손을 잡는 꿈.

물 없는 욕조에 들어앉아

겨울이 오기 전의 한 달 동안
전기가 끊어진다.
물이 나오지 않는다.
나는
불이 들어오지 않는 욕실에서
물 없이 세수를 한다.

머리를 감고
거울을 본다.
겨울이 오기 전의 그 한 달 동안
소리가 끊어지고
아침도 오지 않는다.
나는
물 없는 욕조에 들어앉아
욕조의 물을 마신다.

겨울이 오기 전의 한 달간
이렇게, 나는
내 청춘의 전부를 쓴다.

나무를 뱉어내는 항아리

내린 눈이 아직 다 녹지 않은 바위에 작은 항아리 하나 놓여 있었습니다. 큰 구름 한 점이 하늘을 온통 노랗게 덮고 있었습니다. 항아리는 주둥이가 좁았고, 볼록한 몸통의 좌우로 겨우 손가락 하나 걸릴 듯 말 듯 아주 작은 손잡이가 달려 있었습니다.

겨울의 막바지, 살금살금 오후가 지나가고 있었고, 아이 서넛이 바위 뒤에서 빼꼼히 얼굴을 내밀고 샛노란 구름이 덮고 있던 하늘을 올려다보고 있었습니다. 한쪽에서 머물던 바람은, 그 기운이 점점 세져 큰 구름을 아이들의 시야에서 쓸어내고 있었습니다.

큰 구름이 바람에 모두 쓸려 간 뒤였습니다. 항아리의 주둥이에서 나무 한 그루가 목을 내밀기 시작했습니다. 나무는 자꾸 솟아올랐습니다. 청록색 이파리들을 하늘거리며 겨울 하늘을 쑥쑥 가르고 있었습니다.

갑자기 여름인 듯했습니다. 항아리는 나무 한 그루를 주둥이에서 뿜어내며 사방을 후끈 달아오르게 했습니다. 항아리의 열기에 아이들도 깜짝 놀랐습니다. 바위 위에 자리를 펴고 마지막 잠을 청하던 하얀 눈도 깜짝 놀랐습니다.

아냐, 아냐, 이건 아니야. —바람이 절레절레 고개를 저었습니다. —어떻게 이 쬐끄만 항아리가 여름을 몰고 온단 말이야. 아냐, 아냐. —그렇습니다. 봄이 오기에도 아직은 이릅니다. 아이들은 어느새 저만치 달아나고 있었습니다.

항아리는 계속 나무를 뱉어냈습니다. 하늘은 항아리가 뱉어낸 나무의 청록색 이파리들로 가득 메워지고 있었습니다. 항아리는 사방을 뜨거운 여름으로 바꿔놓고 있었습니다. 하지만 아무도 믿지 않았습니다, 믿고 싶지 않았습니다.

잠시 일어났던 겨울 눈도 다시 바위에 누워버렸습니다. 바람도 바위 뒤로 발길을 돌렸습니다. 오후의 시간들도 살금살금 저녁을 향해 길을 떠났습니다. 나무는 항아리 속에서 쑥쑥 자라나고 있었지만, 구름도, 바람도, 아이들도, 다시는 돌아오지 않았습니다.

자네트가 아픈 날 1

왜지, 왜, 왜냐고? ―대답 대신 잎이 진다.
갑자기 가을이 오고
그는 떠난다.

잎이 진다. ―몸을 떨며 잎이 진다.
몸을 비틀며 떨어지는 잎 뒤로
돋아나는 바람.

떨어진 마른 잎은 길 위에 부숴지고
홀로 돌아가는 바람.

왜지, 왜, 왜냐구? ―병실에 누운 그녀는
잠든다.
그는 떠난다.

나는 여기 눕는다. ―왼손을 편다.
손바닥에서 물방울이 돋는다.

돋아난 물방울들이

하늘을 향해 솟구친다.
먹구름이 모이고
천둥이 운다.

나의 그녀는 오늘도
병실에 누워
가을을 먹는다.

왜지, 왜냐구? —그는 묻는다
자네트가 아픈 날.

나는 여기 눕는다.
내 머릿속에서 수평파가
두통같은 수평파가 다 지워진 뒤에도

동그랗게 뭉쳐진 머리
내 머리를 찬찬히 펼쳐
왜지, 왜, 왜냐고? —내 발목을 덮는다.

자네트가 아픈 날 2

그녀가 아픈 날, 나는 가로수에 대해 공부한다. 그녀를 가을 속에 묻은 뒤에도 나는 가로수만 생각한다. 노란 가로수, 불타는 가로수, 그 속에 물고기가 헤엄치는 가로수, 노래하는 가로수.

거꾸로 서는 가로수, 날개 달린 가로수, 돌덩이를 삼킨 가로수, 나를 긴 줄에 묶어 책꽂이 뒤로 끌고 가는 가로수, 온몸이 바스락거리는 가로수, 그녀가 뒤돌아보던 가로수, 나를 삼켜버린 나의 가로수.

새벽

그녀의 머리에는 계단이 있다.
나는 그 속으로 들어간다.

그녀의 가슴속에는 항상 물이 끓는다.
원형의 광장처럼
물줄기는 자꾸 돌아
내 허리를 적신다.

그녀의 가슴속에 나는 독약을 탄다.
내 독약이 끓는다.
그녀의 몸속을 돌고 돌아
내 입술을 적신다.

그녀의 머리에는 계단이 있다.
나는 그 속으로 들어간다.
독약을 탄다.
나는 매일 그녀의 가슴속에 들어가
나에게로 돌아올 독약을 탄다.

어린 유령들이 피어나는 길

어린 날, 내 손을 잡고
하얗게, 빨갛게, 어린 유령들이 피어나는 꽃길에
나를 세워놓았던 꿈속의 주검 하나가
다시 일어나

또다시 내 손을 잡고
하얗게, 빨갛게, 어린 유령들이 피어나는 꽃길에
다시 나를 세워놓고

떠났다. 어린 유령들이 피어나는 길, 한낮에

불이 열리는 나무

두 대의 트럭에 나무를 싣고
이사를 한다. 앞차에도 나무 하나,
뒤차에도 나무 하나.
앞차에는 내가 타고 뒤차에는 내 신발이 탄다
뒤차의 나무에서 꽃이 떨어진다.
불꽃이 떨어진다.

불이 붙는다.
우리들은 그사이 언덕을 넘어선다.
앞차의 나무가 열매 하나를 떨어뜨린다.
불덩이는 굴러 굴러 네거리를 발갛게,
발갛게 물들인다.

불이 붙는다.
또다시, 불꽃 하나 길 위에 떨어진다
우리는 큰 길을 피해 트럭을 몬다
이쯤일까, 다 왔을까
기웃기웃 하는 사이

우리가 내릴 골목에 불꽃 하나 또 떨어져
우리가 내려야 할 그 집에도
불이 붙는다.

도넛을 만드는 A, B, C

그 마을의 집엔 열거나 닫아야 할 문이 없었다. 창문도 없었다. 오직 통로만이 있었고, 집과 집은 모두 서로의 벽을 대고 엉겨 붙어 있었다. A와 B는 지붕을 뚫어놓은 통로를 통해서만 집 밖으로 나갔고 지붕의 열린 통로를 통해서만 안으로, 속으로 들어갔다.

엉겨 붙은 집과 집 사이에 공터가, 열린 곳이 있었지만 A와 B는 그곳에 쓰레기만 버렸다. A는 긴 창을 들고 사냥을 나갔다. B는 집 안에 틀어박혀 아래로, 바닥을 파내려 갔다.

C는 흙을 빚어 커다란 도넛을 만들었다. 어느 날 C의 지붕이 흔들렸다. 흙먼지가 날리더니 지붕 한쪽이 무너져 내렸다. 구멍난 지붕 위에서 B가 C를 내려다보았다. C는 엉겁결에 커다란 도넛 하나를 권했다. 흙으로 빚은 커다란 도넛을 받아 든 B는 구멍 끝으로 사라졌다.

사냥에서 돌아오는 길에 B의 지붕 구멍으로 들어오게 된 A에게 C는 그가 만든 도넛들을 보여주었다. A는 창을 들고 한참을 망설이다가 도넛 속에 머리를 넣어보았다. 도넛은 A의 머리가 빠져나갈 만큼 컸지만 어깨를 타고 내려오다가 몸통에 걸려 더 이상은 내려가지 않았다.

쓸모없는 도넛이었다. 어느 날 A는 긴 창을 들고 지붕에 뚫어놓은 통로를 내려가다 미끄러져 제 창에 찔려 숨을 거두었다. B와 C는 A를 쓰레기장에 버렸다. B는 또 다른 바닥을 뚫다가 생을 마감했다. C는 매일 흙을 빚어 커다란 도넛을 만들었지만 지붕 위에 난 구멍으로 몇 번인가 들락날락하다가 어디론가 사라졌다.

그리고 내가 태어났다. 한 손에 A처럼 창을 들고 지붕과 바닥에 B가 뚫어놓은 통로를 들락거렸고, C가 쌓아놓은 도넛들을 굴려보았다. 도넛 하나를 굴릴 때마다 아라비아가 구르고, 지중해가 구르고 해왕성이 구르고…… 먼 우주의 돌덩이들이 굴러와 통로에 처박혔다.

모든 통로가 막혔다.

음,음,음.

—음,음,음. 그는 쇠거울이 달린 막대로 머리를 두들겨본다. 혀가 얼얼해졌습니까? 그의 발이 묻는다. 그는 바닥에 머리를 내려놓고 입속에 전기불을 비춘다. 입속에서 뒤틀린 그의 혀가 원반 하나를 휙, 던진다. 손전등이 부숴진다. 그의 손이 바닥에 내려놓았던 그의 머리를 다시 들어올려 자신의 뼈대 위에 얹는다. 쇠거울이 달린 막대로 그의 머리를 두들겨본다. —음,음,음.

2부

모든 불빛 소멸 공장

눈빛 달빛 소멸 공장
빛나는 것 소멸 공장
되돌아오는 것 소멸 공장.

나는 이런 공장을 짓는다.
내 몸을 깎아 소멸의 기계를 돌린다.

흔들리는 것도, 부서지는 것도
잠시 멈춘 것들도 다 소멸하는
공장이 돌아간다.

둥근 것, 뾰족한 것 소멸 공장
눈 뜬 것, 눈 감은 것 소멸 공장

비슷한 것 소멸 공장
눈빛 달빛 소멸 공장
모든 불빛 소멸 공장.

자루

내 앞으로 온 자루. 지금은 열지 않는다.
불룩한 자루. 먼 곳에서 비행기에 실려 온 자루.

내 목소리에 눈을 뜨고
더 가까이 다가와 내 소리를 들어줄
그런 달콤한 아가씨가 보내준
자루는 결코 아닌 자루.

11시가 지나면 연다. 불룩하지만 가벼운
단단히 목을 묶고 주둥이를 틀어쥔
검은 끈의 자루.
12가 넘으면 연다. 점심 지나서
오후에 열어보면 된다.
내 앞으로 온, 나만의 자루.

내가 자루를 열 때, 내 곁에서
뭐지?, 뭐야?
관심을 보여줄 그런 누군가가 있다 해도

이번에는, 모른 척할 만한
아주 투박한, 불룩한 자루

3시가 지나서 자루를 연다.
비행기를 타고
추운 나라와 따뜻한 나라
매일 아침 안개가 끼는 나라를 넘어
기어이 내 앞으로 배달된 자루,

열다가 만다,
조금 더, 조금만 더, 조금 더
있다가 연다,

먼 곳에서 온,
그곳에서 가장 상큼한 아가씨가 내게 보낸
자루가 아닌
그곳에서 제일 나쁜 여인들이, 짐승들이
함께 모여, 무엇인가 이 하나에

다 넣어서 묶어 보낸 것 같은
그런 자루, 불룩한 자루

정확히 내 앞으로 배달된
아침의 자루.

내 가을의 소리

내 가을의 발목에서는 소리가 난다.
어둡고 낮다.

검은 토끼 모자 가을
흰 토끼 모자 가을
검은 나팔꽃 모자 가을
흰 해바라기 모자 가을.

모자를 쓴 내 가을의 별에서는
어둡고 낮은 소리가 난다.

검은 사과 모자 가을
흰 사과 모자 가을
검은 기차 모자 가을
흰 비행기 모자 가을.

내 발목에서는 이런 가을들의 소리가 난다.

검은, 눈 뜬 모자의 가을
흰, 눈 감은 모자의 가을
검은, 손 벌린 모자의 가을
흰, 팔 구부린 모자의 가을

검은, 식탁의 모자 가을
흰, 욕실의 모자 가을
검은, 구름 없는 모자의 가을
흰, 하늘 없는 모자의 가을.

두 눈을 깜박이는 기하학적 공간

심심한 앵무새와 흰 두 발 짐승
이라고 쓰고
물병 또는 사랑이라고 읽는다.

심심한 앵무새와 흰 두 발 짐승
이라고 쓰고
불평 또는 햇빛 쏟아지는 거리라고 읽는다.
또는 너에게, 또는 나에게,라고도 읽는다.

우아한 곡선, 밤새도록 내리는 비
라고도 쓰고
심심한 앵무새 또는
휘저을 팔이 없는, 흰 두 발 짐승이라고 읽는다.

내 소원은 죽은 토끼

내 소원은 죽은 토끼, 죽은 토끼는 녹슨 총, 녹슨 총은 빗소리, 빗소리는 꽃무늬, 꽃무늬는 발가락, 발가락은 두번째 죽은 토끼, 두번째 죽은 토끼는 푸른 잎, 푸른 잎은 나비, 누군가의 가슴에 앉은 두 마리 나비. 나비는 가로등, 가로등은 눈 덮인 산, 눈 덮인 산은 술잔 속에 빠진 별, 별은 죽은 토끼를 낳은 암소, 암소는 나의 고통, 내 고통은 네가 준 조약돌, 네가 준 조약돌은 끝없이 부서지는 나, 나는 끝없이 밀려오는 너, 너는 내 소원. 내 소원은 죽은 토끼.

어떤 생일 축하 안내인

그녀의 직업은 안내원입니다. 매일 안내합니다.
오늘 생일이신 분들이 벌써 열한 분.
그녀를 만나러 왔습니다.

물론 접수부터 해야 합니다. 지원자가 많습니다.
여기서는 만원입니다.
하루에 꼭, 열한 명만 처리합니다.

처음엔 여덟 명만 했는데, 지금은 늘었습니다.
그녀는 피곤하지만 내색하지는 않습니다.
쓱쓱 처리합니다.

1. 줄을 섭니다.
2. 카드를 받아 담당 안내인의 이름을 적습니다.
3. 노래를 부릅니다. 오늘의 노래.
4. 안내인을 따라서 박물관에 갑니다.
5. 한 가지만 봅니다.
6. 먼 옛날, 그들이 태어났던 오늘의 달력.

6. 눈물이 납니다. 기뻐서 눈물이 납니다.

7. 그녀도 눈물을 흘립니다.

7. 박물관 1층에서 황금빛 엘리베이터를 탑니다.

8. 다음 층에서 안내원은 내립니다.

8. 안내원의 확인을 받은 생일 카드를 품에 안고

8. 위층으로 향합니다.

9. 계속 올라갑니다. 금빛 찬란한 팡파레가 울립니다.

9. 엘리베이터는 갑니다.

9. 끝없이 올라갑니다. 가도 가도 계속

9. 갑니다.

그렇게 그녀의 직업은 안내원입니다.
오늘도 생일이신 분들이 벌써 열한 분.
그녀를 만나러 왔습니다.

물론 태어나는 일부터 해야 합니다.
평생에 딱 한 번만 축하할 수 있습니다.
하루해가 무~지하게 깁니다. 한 달도 무~지하게

깁니다.

다 늙어서야 꼭 한 번 그녀를 만납니다.
계속 올라갑니다. 끝없이 올라갑니다.
그래서 꼭 한 번 그녀를 만나야만 합니다.

영혼이 어부에게 말했다

내 영혼이
내 어부에게 말했다.

물고기
바다
저녁놀

내 영혼이 내 어부에게 말했다.

처음
본
순간

내 영혼이 내 어부에게 말했다.

없어,
이럴 수는,
이럴 수는 없어.

늙은 내 영혼이 더 늙은 내 어부에게 말했다.

가,
그냥 가,
가.

내 영혼이 내 어부의 그물에 매달리며 말했다.

노을 진
바닷가에
나를 남기고.

두 개의 영혼.
어린 내 영혼이 한참이나 더 어린 내 어부에게
매달리며 말했다.

가,
그냥 가.

철새의 죽음

TV를 봅니다.
영화를 봅니다.

앉아 있습니다.

나를 봅니다.
나를 보고 있습니다.

빨리 지나갑니다.
시간은 갑니다.

눈이 내립니다.
밤이 옵니다.

아무 일도 일어나지 않은 듯

TV를 봅니다.
영화를 봅니다.

앉아 있습니다.

나를 봅니다.
나를 보고 있습니다.

빨리 지나갑니다.
시간은 갑니다.

눈이 내립니다.
밤이 옵니다.

흙

흙을 주문한다. 한 상자. 밀봉된 흙덩이가
상자에 담겨 트럭에 실린다.
다리를 건넌다, 비 내리는 거리를 달린다.
창가에 항아리가 갈라지며 웃는다.
웃으면서, 뭐라고, 뭐라고, 이야기한다.
웃는 병에 걸린 이야기.
이야기 병에 걸린 웃음.
갈라진 항아리가 웃는 동안, 한 상자.
웃는 병에 걸린 이야기를
웃음소리로 이야기하는 동안, 한 상자.
주문한 흙이, 새들이 훑고 간 웃음 사이로 온다.
이야기 병에 걸린 비의 허리를 자르며 온다.
한 상자. 흙이 온다. 무릎을 꿇고
두 팔로 몸을 짚은, 가슴이 두 쪽으로 갈라진 내가
이렇게, 너를 바라보는 동안 흙이 온다.
너에게 뿌릴 한 상자의 흙이 온다.
이제 너를 덮을 흙이 내게로 온다.
손가락이 아프다. 왼쪽 끝.
손가락 끝이 아프다. 한쪽 끝.

오늘 밤 그녀의 시

갈색 허리를 가진 그녀가
허리에 둘렀던 나를 풀어
침대 끝에 던져놓는다.
나는
내 무게에 밀려, 바닥으로 떨어진다.

갈색 허리를 가진 그녀가
바닥에 떨어진 나를 들어 올려
침대 끝 모서리에 다시 걸쳐놓는다.
나는
내 무게를 안고, 바닥으로 떨어진다.

스물셋과 염소와 뽕나무와 콩나무가

무릎 아래로 강물이 흐른다. 흐르던 강물이 딱딱하게 굳는다. 나는 문을 닫고 책상 앞에 앉는다. 내 발목이 물속에 잠겨 움직이지 않지만, 나는 오랫동안 그렇게, 딱딱하게 굳어버린 강물과 함께 앉아 있다. 누군가 밖에서 문을 두드린다. 아마도 커다란 날개와 단단한 쇠와 고구마와 유리병과 시계와, 스물셋과 염소와 구불구불한 동굴과 뽕나무와 콩나무일 것이다, 문을 두드린다. 커다란 날개와 단단한 쇠와 길쭉한 고구마와 온갖 유리병과 사람의 소리를 내는 시계와, 샛노란 스물셋과 뿔난 염소와 동굴과 무성한 뽕나무 잎과 쓰러진 콩나무가, 오랫동안, 쉼 없이, 물러서지도 않고 포기하지도 않고, 돌아가지도 않고 끝까지 문을 두드린다.

점과 선

기둥 뒤에서 밤이 물을 마신다.
기둥 뒤에서 밤이 나를 들여다본다,
기둥 뒤에서 밤이 한 발을 들이민다,
내 등에 한 발을 깊숙이 찔러 넣고
더 이상 움직이지 않는다.
움직이지도 않는다.
가여운 나는 잠들지도 못한다.
소리치지도 못한다.

이렇게 말해요

문제없어요.
종달새 울고
종달새 깃털 같은 갈색 코트를 입은 종달새 아가씨가
겨울 빙판길에 미끄러져 엉덩이가 깨지고
오징어는 꽝꽝 얼고
산은 무너지고
바위는 굴러가고
그 바위가, 뚱뚱한 아저씨가 주차한 자동차를 덮치고
누군가 종달새가 되어 울고,
세상의 할머니들은 서둘러 문을 닫고
지구는 부글거리고
들고 가던 비닐봉지는 밑이 터지고
내 가슴도 터지고
내려가려던 계단이 갑자기 사라져도

문제없어요.
이렇게만 말해요.

밤의 누드

두 개의 달이 있습니다. 한쪽에는 자전거, 다른 한쪽에는 자동차, 자전거 위에는 피아노, 자동차 위에는 의자, 피아노 위에는 그녀 방의 창문, 의자 위에는 그녀가 걸어 나오던 지하철역 출구 앞의 표지판, 창문에는 오렌지꽃물, 표지판 위에는 꽃봉오리가 그려진 그녀의 눈물, 오렌지꽃물 속에는 오렌지 나무, 그녀의 꽃봉오리 위에는 술 한 병, 오렌지 나무 위에는 문어, 술병 위에는 숟가락이 있습니다.

두 개의 달이 보입니다. 한쪽은 겨울, 다른 한쪽은 봄입니다. 그녀는 눈길을 걷고 있습니다. 봄의 거리에는 꽃잎들이 나뭇가지 위에서 부풀어 오릅니다, 봄과 겨울 사이에서 나방 한 마리가 묻습니다. 뭡니까? 왜 달덩이가 두갭니까? 마침내 내가, 존재를 드러낼 순간입니다. 보세요. 납니다. 나를 그린 그림입니다. 두 개의 둥근 달이 내 머리 위에 있습니다.

봄의 달 아래는 자전거, 봄의 자전거 위에는 피아노, 겨울의 달 아래는 자동차, 겨울 자동차 위에는 의자, 피아노 위에는 그녀 방의 창문, 의자 위에는 표지판, 오렌지 나무 위에는 문어, 술병 위에는 숟가락. 나방 위에는 산호초. 산호초 뒤에는 커다란 거울. 그녀는 털모자를 쓰고 눈길을 걷습니다. 봄의 거리에는 작은 꽃잎들이 부풀어 오릅니다.

옆으로 누워있던 밤이 한쪽 다리를 들어 올려 두 손으로 다리를 감쌉니다. 밤의 엉덩이 밑에 깔려있던 동그란 내 얼굴이 한 바퀴 구릅니다. 봄과 겨울 사이에서 나방은 커다란 거울 속으로 날아갑니다. 내 얼굴이 다시 한 바퀴 구릅니다. 밤의 어깨가 거울에 비칩니다. 겨울의 달 속에서 물소리가 들립니다. 거울 속에서도 물소리가 들립니다. 눈길을 걷던 그녀가 이제, 봄의 달 속으로 들어가고 있습니다.

그림 카드와 종이 놀이

박상순

1. 출발

모든 예술가에게 한 가지 의무가 있다. 그것은 자신에 대한 의무이다. 예술은 철저히 자기 자신으로부터 출발하는 것이다. 스스로가 잃어버린 것과 얻은 것들을 다시 버리고, 또 버리면서 마침내 최후의 결사처럼 남겨진 것들을 통해 그 누구도 풀 수 없는 자신의 문제를 최초의 바탕으로 삼아야 한다.

예술은 의식(깨어 있는 상태에서의 인식)과 정서를 바탕으로 한다. 동시에 그것은 심미성의 발현을 요구한다. 정서는 내면적 상호 관계의 틀이다. 정서는 인지의 부수적 결과인 감정이 아니라, 감정보다 앞서는 총체적이며 원초적인 느낌이다. 긴장과 이완, 충격과 역동, 안정과 불균형 등의 심리적 구조를 만들면서 의식을 확장한다.

문학예술 작품은 아무런 의미도 없다. 그것은 존재할 뿐이다. 심미적 대상인 작품이 지닌 심미성의 본질은 어떤 이상적 층위를 설정하여 그것과의 관계를 회복시키는 데 있는 것이 아니다. 심미성의 본질은 '바로 자기 자신'이라는 의무를 수행할 줄 아는 예술가가 '문제'를 대상으로 취하는 내면적 상호 관계의 과정 그 자체이다.

따라서 예술 작품의 의미가 추론될 수 있다면 그것은 내면적 상호 관계에 내재하는 것이다. 시는 의미의 확산을 통해 무의미를 지향한다. 다른 것으로 대체 가능한 개념을 허물고, 생동하는 세상을 향해 나아가는 독자적인 투쟁의 세계이다.

나는 기차를 보았다. '내가 기차를 보았다'고 말하는 것은 기차를 본 것과는 다르다.

본다는 것은 볼 수 있는 것에 대한 시선의 일치일 뿐이다. 보았다는 것은 보이는 것들에 대한 선택적 시선의 결과이다. 동시에 본다는 것은 사실의 언어로 설명하는 것과는 다른 의미를 지닌다.

기차가 지나간 것을 본 것과, 기차가 지나가는 것을 본 것에 대해 말하는 것은 다르다. 동시에 기차가 지나간다는 사실과는 더욱 다르다.

나는 내 앞에 놓인, 그리하여 시선을 피할 수 없었던, 볼 수밖에 없었던, 그리고 보았던 그것을 잊을 수가 없었던 바로 그것들을 본다. 그것은 하나의 광경이며 낯섦이거나 충격이다. 그것은 내가 앎을 기초로 습득한 지식의 언어와는 다르다.

나는 결코 지식의 언어로 내가 본 어떤 것을 말할 수 없다. 그것은 지식의 일반성을 넘어서 존재하거나 내가 경험한 개인적 지식의 범위를 넘어서는 것들이기 때문이다. 따라서 이러한 것들은 '아는 것을 통해 말하기'를 거부하거나 또는 온전하게 말할 수 없도록 한다.

여기에서 시인은 언어와 대상에 대해 어떤 선택적 관계를 취하게 된다. 선택은 개인성과 일반성을 잇는 방식이기도 하지만, 선택한 대상은 물질성에 대한 순수한 판단을 통해 미적 대상으로 변모하고, 새로운 정서나 질서를 구축하는 방식으로 심미적 언어를 촉발한다.

따라서 이런 선택은 예술적 개념이다. 선택의 자유가 구속되면 감각의 자유도 구속된다. 선택의 자유가 구속된 경우의 '나'는 자신으로 돌아갈 자유를 상실한다. 이때 상실한 자유를 받아들이는 자는 '장식'으로서의 표현에 빠져든다. 하지만 그것은 장식일 뿐이다.

말할 수 없음으로 파괴한다는 언어가 있다면 그것은 시적 언어에 대한 진술이 아니다. 언어는 말할 수 있으되 시는 말하지 않는다. 존재할 뿐이다. 무엇으로 존재하는가? 내면적 복합체로 존재한다. 내면적 복합이란 자연에 놓인 대상이나 광경, 문학이나 예술의 대상으로 선택된 것, 그리고 선택의 내부에 존재하는 선택자의 의식과 의식의 과정에서 심미적 대상으로 변모한 또 하나의 광경이나 대상, 그 전체를 잇는 과정이다.

따라서 이런 과정을 함축한 예술은 예술가와 하나가 된다. 이것은 서로 함몰된다는 것이며 서로 일치한다는 것이다.

이런 길을 통하지 않는 한 예술가는 결코 예술과 하나가 될 수 없다. 예술을 통해 자신을 모두 함몰시킨 뒤, 마침내 하나의 세계를 품거나 닫힌 세계의 문을 열 수 있다.

자각에서 비롯되었지만 자각의 본체로 되돌아오지 않는 과정을 통해 예술은 비로소 정당화된다. 그것은 마침내 그것 스스로 존재할 힘을 갖는다. 자각의 소멸 뒤에 떠오른 '장식'은, 이때 비로소 '형식'이 된다.

「빵공장으로 통하는 철도」를 쓰며 나는 두 번 울었다. 쓰기 전에 울었고, 쓴 뒤에 울었다. 하지만 나는 결코 쓰면서는 울지 않는다.

> 기차가 지나갔다
> 그들은 피 묻은 내 반바지를 갈아입혔다
> 기차가 지나갔다

그들은 나를 다락으로 옮겨놓았고
기차가 지나갔다

첫번째 기차가 아버지의 머리를 깨고 지나갔다
두번째 기차가 어머니의 배를 가르고 지나갔다
세번째 기차가 내 눈동자 속에서 덜컹거렸고
할머니의 피 묻은 손가락들이 내 반바지 위에
뚝뚝 떨어지고 있었다

기차가 지나갔다
나는 뒤집힌 벌레처럼 발버둥쳤다
기차가 지나갔다
달리는 기차에 앉아
흰 구름 한 점 웃고 있었다
기차가 지나갔다

—「빵공장으로 통하는 철도」(『6은 나무, 7은 돌고래』) 전문

2. 차이

본다는 것은 두 가지 범주로 나눌 수 있다. 첫째 그것은 '보임'이라는 현상 앞에 놓여 있다는 것이며, 둘째 선택적으로, 능동적으로 본다는 것이다. 대상과 시선의 적극적 일치는 하

나의 초점을 만든다. 따라서 본다는 것은 광경이 존재한다는 것과 내가 그 광경의 일부를 선택적으로 수용한다는 것으로 나눌 수 있다.

본다는 것은 안다는 것보다는 더 직접적이다. 감각은 보다 더 구체적이다. 더 직접적인 감각이 안다는 사실에 의해 선택될 때 그것은 해석된 대상이 된다. 그리고 지각 과정을 통한 반응은 해석된 지각이 된다.

해석된 지각은 확장된 감각으로의 가능성을 지닌다. 확장된 감각은 '본다는 것'을 본다. 보는 행위를 본다는 것은 대상과 감각을 넘어선다. 그것을 볼 수 있다는 초월적 감각을 제공한다. 이때 모든 대상과 명제는 확장된 감각과 함께 확장된다.

안다는 것의 출발은 '모른다'는 것으로 쉽게 귀결되는 경향을 지니지만, 본다는 것의 결과는 '볼 수 없다'는 것에 쉽게 도달하지 않는다. 안다는 것의 다른 결과가 '더 많이 안다'에 귀결되는 반면 본다는 것의 결과는 '다른 것도 본다'이다.

따라서 많이 아는 것과 다른 것을 보는 것은 다르다.

다른 것을 본다는 것은 무엇인가? 그것은 진실을 묻는 것과는 다른 관점을 갖는 것이다. 그런 관점을 통해 확장된 인식은 사물 자체를 확장시킨다. 인식은 어떤 범주에 들어올 대상을, 틀의 관점으로 형상화한다.

그 속에서 대상은 우리 앞에 규정된다. 확장된 인식으로서의 대상과의 만남은 투영되는 대상과 투사되는 시선 사이의 활동적 관계를 유기적으로 파악하게 한다. 이럴 때 대상은 활동적 대상으로 투영된다. 아울러 투사 또한 관계에 몰입한다.

유기적 관계의 형상은 주체와 객체 사이의 긴장을 만든다. 때로 객체는 주체에 의해 변모하며 주체와 객체의 만남은 예술에 있어서 새로운 객관성을 요구한다. 새로운 객관성은 사물 자체에 대한 활동성 또는 물질성을 통해 확보된다.

이처럼 다른 것을 본다는 것을 본다는 것은 대상과 주체 사이에 놓인 유기적 활동성을 본다는 것이다. 따라서 대상은 변모하는 가운데 파악된다.

고정된 대상으로서의 문학예술의 미적 소재는 고정된 소통의 차원으로만 이해하려는 동어반복적 질서를 만든다.

일반적이거나 익숙한 질서를 통한 소통은 그것이 소통이라는 의미에서는 어떤 객관성을 확보하지만, 소통의 가설을 확보하기 위한 개념적 정당화의 논리이다. 행동과 행위를 고정된 인식의 틀 안에 함께 받아들이는, 그리하여 소통의 권력(체제)을 확보하는 몸짓이다.

그러나 문학예술에서 보다 중요한 것은 차이나 잡음에 대한 관심이다. 예술적 언어는 차이나 잡음, 유기적 활동성, 확장된 감각을 통해 동어반복적 질서를 해체한다.

1

주홍색 열매를 뿌리며 그 여자는 죽었다
나는 쓰러진 꽃나무 위에 앉아 있었다

2

나의 일곱번째 어머니가
나의 일곱번째 여행지에서 꽃나무처럼 쓰러졌다

3

쓰러진 꽃나무 속에서
나의 여덟번째 어머니가 목을 매달게 되는
미래의 소리가 들렸다

4

거대한 여객기가 내 머리 위로 천천히
날고 있었다

—「4시간 동안의 침묵」(『6은 나무, 7은 돌고래』) 전문

3. 변화 또는 남겨짐

확장된 감각은 변형을 요구한다. 문학예술은 변형을 통해 확장된 감각으로서의 힘을 얻는다. 변형은 주체적 욕구이다.

동시에 변형은 객체의 변화이기도 하다.

주체적 욕구에 대한 객체의 변화는 욕망의 방식을 변화시킨다. 주체는 방식의 변화를 통해 욕망을 성취한다. 객체는 그 방식의 변화를 통해 변화를 실현한다.

변화는 변모를 기록한다. 이러한 가운데 현실은 무수히 많은 소외와 변신의 욕구를 지닌 채 남겨진다.

자전거가 있었다. 세발자전거가 있었다. 여러 개의 방을 가진 집이 있었다. 여인이 있었다. 밤마다 방을 옮겨 잠드는 여인이 있었다. 아저씨가 있었다. 여러 개의 방을 가진 여인에게 아저씨가 있었다. 마루 밑에 숨어 있는 내가 있었다. 밤마다 마루 밑을 빠져나와 자전거에 오르는 내가 있었다.

아저씨가 밤마다 방을 찾았다. 여인은 매일 방을 바꾸고, 아저씨가 여인의 방을 찾아 잠들 때까지 나는 자전거에 숨죽여 앉아 있었다. 아저씨가 잠들면 나는 페달을 밟고 밤의 침묵 위로 구름처럼 떠올랐다. 나는 힘차게 페달을 밟았다. 내 바퀴 아래 밤의 침묵이 부서지는 소리가 났다. 나도 자전거 위에서 삐걱이는 소리를 냈다.

—「폐허」 부분

4. 인식된 변화 또는 결별

변형은 주체를 변화시킨다. 그것은 지금의 차원에 대한 수정이다. 주체는 차원의 변화를 통해 변모를 형태화한다. 동시에 주체는 차원의 변화를 통해 언어적 형식을 갖게 된다.

변형은 객체의 이탈적 과거를 형태적으로 기록하는 동시에 주체의 현재적 시점을 기록성이 주어진 관계의 내부에 설치한다. 설치된 주체와 기록된 객체는 동시에 객체성을 지닌다. 차원은 분화한다. 분화한 차원은 모든 객체성을 통해 비로소 주체성을 확보한다. 마침내 변화는 인식된다.

변형은 보이지 않는 것의 그림자이다. 변화는 보이는 것의 그림자이다.

나에게 두 사람이 있었다. 두 사람은 날마다 공동묘지에 갔다. 한 사람은 무덤을 파고 다른 한 사람은 죽은 자의 이름을 돌조각에 새기며 함께 지냈다. 묘비를 새기는 사람은 내 국어책의 겉장을 커다란 종이로 하얗게 씌워주었다. 죽은 자의 이름을 묘비에 새기던 솜씨로 새로 씌운 국어책의 겉장에 내 이름을 새겨주었다. 무덤 파는 사람은 책장을 열어 책 속에 누워 있는 글씨들을 내게 읽어주었다. 이제 무덤 파는 사람은 〈무덤〉이라 부르고, 묘비명을 새기는 사람은 〈묘비〉로 쓴다.

어느 날 오후, 사람이 적게 죽은 날

무덤과 묘비는 묘지에서 술을 마셨다.

술에 취한 무덤이 벌떡 일어나
묘비를 향해 주먹을 휘둘렀다

쓰러진 묘비가 무덤을 향해 소리쳤다
무덤이 옆에 있던 삽을 들었다
묘비는 망치를 들었다

무덤과 묘비는 묘지에서 싸웠다
삽을 든 무덤이 죽고
망치를 든 묘비는 붙들려 갔다

나는 국어책을 넘기다가 홀로 잠에 들었다. 빈방에서 며칠 동안 국어책만 넘겼다. 그리고 어느 날, 무덤과 묘비와 공동묘지에 대해 잘 알고 있다는 낯선 사람 하나가 빈방의 문을 열었다. 펼쳐진 내 국어책의 책장을 덮고 책가방을 꾸리고 옷가지를 챙겼다. 묘비도 오지 않고 무덤도 오지 않는 빈방을 떠나며 나는 내 손가락 두 개를 잘라 어둠 속에 던졌다. 별이 빛나는 밤이었다.

—「별이 빛나는 밤」(『6은 나무, 7은 돌고래』) 전문

5. 침투 또는 투시

변화는 행위에 가깝고 변형은 행동에 가깝다. 변화가 추상적 명제를 일반화한다면 변형은 구상적 대상을 통해 변모를 기록한다. 행동은 추상적 사고에 몰입하지 않는다. 기록되기 전의 변모는 행동을 통해 유희를 반복한다. 그러나 유희는 과거와 일치하는 행동의 동일성을 가지고 있지 않기 때문에, 반복되지 않는다. 행위는 반복될 수 있다.

행위는 희극에 가깝고 행동은 비극에 가깝다. 비극은 행동을 전형화한다. 전형화한 비극은 소통으로서의 일반성을 확보하지만 행동 그 자체는 확보되지 않는다.

확보되지 않는 행동은 정서로서의 유기성을 보장한다. 그것은 침투를 가능케 한다. 모든 예술은 객체와 주체에 대한 각각의 오브제로서의 침투이다.

근대 이전의 예술적 전형은 밖에서 속을 투시하려는 것이었다. 근대성의 전개가 속에서 밖을 내다보려는 것이었다면 현대성의 출발은 들어갔다 나오거나 그 안에서, 그 속으로 다시 움직이는 것이다.

풀밭에는 분홍 나무
풀밭에는 양 세 마리
두 마리는 마주 보고
한 마리는 옆을 보고

오른쪽 가슴으로
굵은 선이 지나는
그림 찍힌
티셔츠

한 장 샀어요
한 마리는 옆을 보고
두 마리는 마주 보고

풀밭에는 양 세 마리
한 마리는 옆을 보고
두 마리는 마주 보고
오른쪽 가슴으로
굵은 선이 지나는
그림 찍힌 티셔츠

한 장 샀어요

한 마리는 옆을 보고
두 마리는 마주 보고

—「양 세 마리」 전문

6. 불멸

테크닉, 그것은 이미 열려 있는 문이다. 그러나 열려 있는 문은 닫혀 있는 문보다 감각의 입장에서 간과될 수 있다. 동시에 그것은 인식의 차원에서 혼동을 야기할 수도 있다. 열림의 테크닉이 없는 한 그것은 혼돈 그 자체이거나 무의미한 통로에 불과하다.

물질성에 대한 순수한 감성적 판단이 필요하다. 서술과 논리는 관습적인 개념과 부수적인 감정에 치우친다. 모든 것이 열려 있는 것처럼 보이는 현실은 미적 공간을 망각하게 만든다. 어떤 주체를 넘어서는 예술적 감각은 닫힌 문 앞에서 발휘된다. 테크닉은 닫힌 것을 미적으로 드러내 새로운 것으로 전환한다. 그런 지속과 결정을 통해 의식과 정서를 일체화한다. 일체화는 곧 원초적 공간과 존재의 출현이다.

신비화된 예술적 권력의 구조(체제와 질서)를 바꾸기 위해 나는 먼저 시를 쓴다. 질서 안에서 권력의 구조를 갱신하기보다는 혼돈의 자리에서 신비화된 권력의 붕괴를 가속화할 것이다.

권력은 대체되고 질서는 재편된다. 밖에서 안을 보는 눈은 마침내 실명할 것이다. 권력의 재편은 신비화를 전제로 한다. 명증성은 신비화의 도구이다. 그러므로 그것은 숭배된다. 신비화가 숭배될 때의 명증성은 과학을 압도한다. 아울러 명증성 또한 숭배된다.

다양성과 다원성은 다르다. 신비화된 예술의 권력은 다양성을 통해 대체 권력의 행사를 유지할 것이지만 다원성을 지닌 예술은 현실 그 자체를 대체한다.

예술은 하나의 세계를 대체하는 끊임없는 생성의 놀이이다. 그것은 던져진 탄생이 아니라 자발적 탄생이다.

새벽 다섯 시
다섯 식구가 둘러앉아
밥 먹는 놀이를 한다
아빠 A가 한 개 먹고
내 폭탄 아직 안 터졌어
아빠 B가 한 개 더 먹고
내 밥도 아직 안 터졌어
아빠 C가 또 먹으며
내 밥도 폭탄이야
아빠 D도 아빠 E도
내 폭탄도, 내 폭탄도

—「불멸」 부분

7. 복제

대상은 선택될 때만이 문학예술의 소재가 된다. 소재는 대상의 형상성에 대한 탐색이다. 형상성은 주체와 객체의 변형을 기억하는 기제이다. 언어와 현상은 변형의 기억에 관계한다. 동시에 이것은 의미와 존재에 대한 예술적 성격을 구체화한다.

수용자가 어떤 구조적 관점에 놓일 때, 작품은 항상 배타성을 지닌다. 배타성 내에서 예술적 대상은 비로소 이타화될 수 있다. 여기에 의지가 개입한다. 그러나 의지의 개입을 자의적으로 차단할 때 한편으로 예술은 고유성(최소 단위의 정체성)을 성취한다. 고유성은 의지의 발동을 호소한다. 동시에 의지는 고유성에게 복제를 호소한다. 이것은 정신과 형식을 연결하는 내적 필연성인 예술적 표현 의지이다.

주체성이라는 정신은 복제된다. 사물을 통해.

나의 바다는 모래
서걱이는 돌가루

나의 바다는 모래
밤마다 돌아가는 발전기

나의 바다는 모래

내 혀를 갈아내는 기계

—「바다를 입에 물고 너를 만난다」 전문

8. 음, 음, 음

시는 언어를 사용하는 예술이다. 따라서 시의 표면은 언어에 제약당한다. 제약된 표면은 상징을 구성한다. 동시에 그것은 언어의 질서를 형성한다. 질서는 개체의 행동을 제약한다. 그렇게 약속된 질서는 권위에 도달한다.

권위는 언어의 소통에 신뢰를 준다. 여기에서의 신뢰는 구조적 신뢰이다. 신뢰가 구조적일 때 개체의 언어는 개체를 간과하게 된다. 그러한 까닭에 개체의 웅얼거림은 질서의 힘에 의해 도태된다. 도태된 기억은 예술을 이상적 가치로 용인하는 변형을 수반하며 이런 변형은 심리적 장치를 통해 전형화한다. 그렇지만 소통과 질서, 전형화 사이에서 시는 항상 새로운 언어를 찾아야 한다.

시는 언어의 예술이다. 이때의 언어는 질료인으로서의 언어이다. 약속된 질료는 예술이 되지 못한다. 따라서 시적 언어는 약속되지 않은 질료이다. 그것은 오직 하나의 동인(動因)만을 제공한다. 실재와 상상과 상징의 세계 따위를 밀고 당기는 힘.

그 힘은 말하려는 것 바깥에 또 다른 말해짐이 존재하는 것을 보여주는 힘이다. 이때 언어는 말하려는 것이 아니다. 바깥에 존재하는 말해짐도 아니다. 그러한 에너지의 존재를 표출시키는 것이 언어 예술이 취할 미적 태도이다.

재현의 껍질인 말을 통해 세계의 표피에 안착할 수 있거나 표출의 힘을 통해 세계의 외파에 안착할 수 있을 때의 에너지는 어떤 실재를 넘어선다.

비로소 우리는 분열의 가치를 체험한다. 정신을 복제한 사물은 정신의 분열을 꾀한다. 분열은 동일성의 분열인 동시에 서로 모순된 타자를 잇는 힘이다. 이런 힘의 현현은 재현과 표현이 아닌 표출을 통해서만 가능하다.

자신을 쥐어짤 수 있을 때 우리는 자신을 넘어선 힘의 소리를 들을 수 있다. 그것은 어떤 비극이 끝난 뒤에 다가오지 않는다.

때리는 순간 '우리'는 함몰된다. 때리는 그 순간에 '나'는 소리가 된다. 소리는 메시지가 아니다. 그것은 진동이다.

> —음,음,음. 그는 쇠거울이 달린 막대로 머리를 두들겨본다. 혀가 얼얼해졌습니까? 그의 발이 묻는다. 그는 바닥에 머리를 내려놓고 입속에 전깃불을 비춘다. 입속에서 뒤틀린 그의 혀가 원반 하나를 휙, 던진다. 손전등이 깨진다. 그의 손이 바닥에 내려놓았던 그의 머리를 다시 들어 올려 자신의 뼈대 위에 얹는다. 쇠거울이 달린 막대로 그의 머리를 두들겨본다. —음,음,음.
>
> —「음, 음, 음.」 전문

9. 끝

여기에 인용한 시들은 본문에서 말하는 내용을 그대로 설명하기 위한 것은 아니다. 조금 어긋나거나 벗어나는 행위들은 의미를 파기하면서도 확장하는 것이기에 주목할 필요가 있다. 이 글의 제목이 「그림 카드와 종이 놀이」인데, 내 집 한쪽 벽에 '그림 카드, 종이 놀이'라고 씌어 있어, 제목으로 적합하다는 생각이 들었다.(사실 이 제목은 '물질성과 활동성, 이미지와 언어와 가상, 변형과 생성, 조립과 설치'를 말하려는 것이었다. '놀이'는 중심 공간을 확산시키고 세계를 수렴하는 예술적 상상력의 활동이다.)

시는 그것을 말함으로써 비로소 그것이 말해지는 언어이다.'나'를 무너뜨리면서도, 어떤 희망도 미래도 없는 '나'를 한순간도 포기하지 않는 생존이다.

1978년 출범하여 오늘까지 이어져온 '문학과지성 시인선'이 독자들의 사랑과 문인들의 아낌 속에 한국 현대시의 폴리스Polis를 이루게 된 사실은 문학과지성사에 내린 지복이기도 하지만 동시에 한국 시를 즐겨 읽는 독자들에겐 '상리공생(相利共生)'의 사안이기도 하다. 왜냐하면 한국 시의 수준과 다양성을 동시에 측량할 수 있는 박물관의 역할을 이 시인선이 해줄 수 있기 때문이다. 요컨대 여기는 한국 시의 '레이나 소피아Reina Sofia'이다. 시의 '뮤제오 프라도Museo Prado'가 보이지 않는 게 아쉽긴 하지만.

그러나 '문학과지성 시인선'이 현대시의 개성들을 다 모아놓고 있다고 오연히 자부할 수는 없다. 시인선의 편집자들이 한국어의 자기장 내에서 발화하는 시의 빛점들을 포집하기 위하여 고감도 안테나를 드넓게도 촘촘히도 작동시켰다 하더라도, 유한자 인간의 "앨쓴"(정지용, 「바다」) 작업은 빈번히 누락과 착오로 인한 어두운 그늘들을 드리워놓기 십상이기 때문이다. 환상과 우연의 힘들은 완전하고자 하는 의지를 김빼는 한편, 우리의 울타리 바깥에서도 시의 자치구들이 사방에 산재해 저마다 저의 권역을 넓혀나가고 있다는 사실을 확인케 해 새삼 우리를 겸허한 반성 쪽으로 이끌고 간다.

모든 생명적 장소가 그러하듯이 시의 구역들 역시 활발한 대사 운동 끝에 팽창과 수축을 거듭하면서 크게 자라기도 하고 소멸되기도 한다. 때로는 구역의 진화와 시의 진화가 심히 어긋나는 때가 있으며, 그중 구역은 사용을 멈추었는데 시는 여전히 생생히 살아 있을 경우야말로 애달픈 인간사 그 자체가 아닐 수 없다. 외로 떨어진 시 덩어리는 우주선과 잡석들이 빗발치는 망망한 말의 우주에서 유랑자의 위상에 처하게 되고 갈 곳 모른 채 표류하다가 서서히 소실의 검은 구멍 속으로 빨려 들어가거나 완벽한 정적의 외진 구석에 유폐된 채로 그 자리에서 먼지로 화할 수도 있을 것이다.

실로 한국 현대시 100년을 경과하면서 역사의 무덤 속으로 들어가기를 거절하고 삶의 현장에 현존하고자 하는 의지를 내뿜는 시 뭉치들이 이곳저곳에서 출몰하는 횟수를 늘려가고 있었으니, 특히 20세기 후반기에 출판되었다가 다양한 사연으로 절판되었거나 출판사가 폐문함으로써 독자에게로 가는 통로를 차단당한 시집들의 사정이 그러하여, 이들이 벌

궂게 단 얼굴로 불현듯 우리 앞을 스쳐 지나갈 때마다 우리는 저 시 뭉치의 불행과 저들과 생이별하여 마음의 양식을 잃은 우리의 불운을 한꺼번에 안타까워하는 처지에 몰리게 된다.

그리하여 우리는 '문학과지성 시인선' 내부에 작은 여백을 열고 이 독립 행성들을 우리 항성계 안으로 모시고자 한다. 이는 '시인선'의 현 단계의 허전함을 메꾸기 위함이요, 돌연 지구와의 교신망을 상실한 시 뭉치에 제2의 터전을 제공하기 위함이요, 독자의 호시심(好詩心)에 모자람이 없도록 하고자 함이니, 이 삼중의 작업을 한꺼번에 이행함으로써 우리는 한국 시에 영원히 마르지 않을 생명 샘의 가는 한 줄기가 될 수 있기를 소망한다.

이 작업을 통해서 우리는 옛것의 귀환이라는 사건을 때마다 일으킬 터인데, 이 특별한 사건들은 부족을 메꾸는 부정-보충적 행위를 넘어 새로운 시의 미각적 지대, 아니 더 나아가 새로운 정신적 지평을 여는 발견적 행동이 되고야 말리라는 것을 확신하는 바이다. 우리가 특별히 모실 이 시집들의 숨겨진 비밀이 워낙 많다는 뜻을 이 말은 품고 있거니와, 진정 이 시집들은 처음 세상에 모습을 드러내었던 당시 독자를 충격했던 새로움을 보존할 뿐만 아니라 같은 강도의 미지의 새 새로움의 애채를 옛 새로움의 나무 위에 돋아나게 해줄 것이 틀림없다. 그리하여 독자는 시오랑E. M. Cioran이 언젠가 말했듯 "회상과 예감réminiscence et pressentiment이 반대 방향으로 멀어지기는커녕, 하나로 합류하는"(「생-종 페르

스Saint-John Perse」, 『예찬 실습*Exercises d'admiration*』 in 〈저작집*Œuvres*〉, Pleiade/Gallimard, 2011) 희귀한 체험을 생생히 누리리라 짐작하거니와, 이 말의 주인이 그 체험의 발생 주체로 예거한 시인을 가리켜 "모든 시간대에서 동시대인으로 존재하는 사람un contemporain intemporel"이라고 말했던 것과 마찬가지로, 이 체험의 신비함이야말로 모든 시간대에서 최고의 신선도로 독자를 흥분케 할 것이다.

그렇긴 하지만 우리는 이 재생의 사건들을 특별히 꾸리는 별도의 총서는 자제하였다. 그보단 우리의 익숙한 도시인 '문학과지성 시인선' 안에 포함시키고자 하는데, 우리의 '시인선' 자체가 늘 그런 신비한 체험을 독자들에게 제공해주기를 기대하기 때문이다. 다만 아주 시치미를 떼어서 독자를 정보의 결핍 속에 방치하는 우를 범할 수는 없는 연유로, 처음부터 시작하는 번호에 기호 R을 멜빵처럼 감쳐서, 돌아온 시집임을 표지하고자 한다. R은 직접적으로는 복간reissue의 뜻을 가리키겠지만 방금의 진술에 기대면 이 귀환은 곧 신생과 다름이 없어서, 반복répétition이 곧 부활résurrection이라는 뜻을 함축할 뿐 아니라 더 과감히 반복만이 부활을 가능케 한다는 주장까지 포함할 수 있을 것인데, 그 주장이 우리 일상의 천편일률적이고 지루하고 데데한 반복을 돌연 최초 생의 거듭남으로 변신시키는 마법의 수행을 독자들에게 부추길 것을 어림한다면, 그것은 아무리 되풀이 강조되어도 지나치지 않을 것이다. 더욱이나 어느 현대 시인은 "R이 없어서,

죽음은 말 속에서 숨 막혀 죽는다*Privé d'R, la mort meurt d'asphyxie dans le mot*"(에드몽 자베스Edmond Jabès, 『엘, 혹은 최후의 책*El, ou le dernière livre*』, 1973)는 촌철로 언어의 생살을 도려내었으니, R을 통해서만 언어는 존재의 장식이기를 그치고 죽음조차 삶의 운동으로 되살리는 것이다.

그러니 '문학과지성 시인선'의 새로운 R의 행렬 속에서 우리가 독자들에게 바라는 것은 이 한 글자의 연장이 무엇이든 그 안에 숨어 있는 한결같은 동작은 저 시인이 암시하듯 숨통 터주는 일임을 상기해달라는 것이다. 이 혀를 안으로 마는 짧은 호흡은 곧이어 제 글자의 줄이 초롱처럼 매달고 있는 시집으로 이목을 돌리게 해, 낱낱의 꽃잎처럼 하늘거리는 쪽들을 흔들어 즐겁고도 신기한 언어의 화성이 울리는 광경을 마침내 목격하고 청취하는 데까지 당신을 이끌고 갈 수 있을 터이니, 그때쯤이면 이 되살아난 시집의 고유한 개성적 울림이 시집에 본래 내재된 에너지의 분출이면서 동시에 그것을 그렇게 수용하고자 한 독자 자신의 역동적 상상력의 작동임을 제 몸의 체험으로 느끼게 되리라.

㈜문학과지성사